SYLVANUS Mulowayi Wa Kayumba

# DISCOURS DU PRESIDENT DE LA RDC/ DRC PRESIDENT'S SPEECH

SYLVANUS Mulowayi Wa Kayumba

# *DISCOURS DU PRESIDENT DE LA RDC/ DRC PRESIDENT'S SPEECH*

## *Discours du 13-12-2021/ Speech of December 13th, 2021*

**Éditions Croix du Salut**

# *Version Française*

Honorable Président de l'Assemblée Nationale,
Honorable Président du Sénat,

Honorables Députés Nationaux et Sénateurs,
Distingués Invités,

Mes très chers Compatriotes,

C'est toujours avec une immense joie et un agréable plaisir que je me retrouve devant vous en cette période de l'année, conformément à la disposition pertinente de notre Constitution qui prévoit en son Article 77, que le Président de la République prononce, une fois l'an, un discours sur l'état de la Nation devant l'Assemblée Nationale et le Sénat, réunis en Congrès.

J'ai donc tenu, ce jour, au strict respect de cette tradition, à l'instar des deux années précédentes, en vous présentant le bilan de diverses actions menées au cours de l'année 2021 qui s'achève. J'apporte ainsi des réponses et des éclaircissements aux nombreuses préoccupations de notre Peuple sur les différentes questions vitales qui touchent à la marche et à la survie de notre Nation.

Mais avant toute chose, en vue d'honorer la mémoire de nos compatriotes civils et militaires tombés à cause de l'activisme des groupes armés et de la violence aveugle du groupe terroriste ADF, au cours de cette année, je vous prie de bien vouloir accepter d'observer un moment de recueillement. (Je vous remercie).

Honorables Députés Nationaux et Sénateurs,

Je reste fermement convaincu que l'une des plus grandes questions qui taraude nos esprits, celle que certainement chacun de nous porte comme une écharde sous la peau, a trait à ce climat d'insécurité permanente et récurrente qui sévit àl'Est de notre pays. Ce climat délétère a toujours menacé son intégrité territoriale et prêté à diverses interprétations.

Compte tenu des drames indicibles que vivent les populations de nombreuses contrées de cet espace, j'avais donc décrété au mois de mai de cette année, au regard de l'Article 85 de notre Constitution, l'état de siège dans les Provinces du Nord-Kivu et de l'Ituri, en proie à des violences que sèment les forces négatives constituées en groupes armés, depuis plus d'un quart de siècle. Le but visé reste celui de mobiliser tous les moyens multiformes dont dispose la République, pour définitivement vaincre ce mal qui anéantit tous nos efforts de développement.

En ma qualité de Garant de l'intégrité territoriale, c'est ici le lieu de renouveler solennellement mon engagement constitutionnel en réaffirmant que je ne ménagerai aucun effort pour restaurer la paix et la sécurité en n'importe quels coins et recoins de la République. J'interpelle donc la conscience collective de chacun de nous, Congolaises et Congolais et j'en appelle au sursaut et au sens patriotique, en affirmant qu'il n'existera jamais de Congolais sans le Congo de leurs rêves.

En dépit de nos divergences d'approches, et c'est ma conviction ultime et profonde, l'intégrité de la Nation congolaise doit demeurer la préoccupation de tous les Congolais, tel que nous l'avons déjà démontré à maintes reprises, au fil des temps.

Je saisis cette opportunité pour féliciter les deux Chambres du Parlement qui, dans leur souci de voir la paix revenir dans ces contrées de l'Est de la République, ont toujours autorisé les renouvellements successifs de l'état de siège, conformément aux textes légaux en vigueur. Ce qui a permis à nos Forces Armées de mener sereinement des actions nécessaires au rétablissement de la paix dans ces deux Provinces et de consolider les acquis des opérations.

En effet, depuis l'instauration de cet état de siège, j'ai personnellement veillé à ce que nos vaillantes forces de Défense et de Sécurité disposent de tous les moyens nécessaires pour mener à bien les opérations sur le terrain. Je note avec satisfaction que nos forces armées ont progressivement réussi à faire bouger les lignes et à reprendre plusieurs bastions jadis occupés par l'ennemi. Des chefs de bande ont été neutralisés, et plusieurs éléments de ces forces négatives se sont rendus. Certes, l'ennemi, dans sa fuite et sa nuisance légendaire, commet des massacres sur les populations civiles, mais cela ne va pas altérer ma détermination à ramener la Paix dans notre pays.

Je voudrais, Honorables Députés Nationaux et Sénateurs, fustiger ici cette campagne de dénigrement et de démobilisation menée par une infime minorité de nos compatriotes, jouant à chaque coup, des rôles pernicieux d'étouffoirs, comme pour confirmer que l'insécurité qui règne en cette partie de notre pays les confortait dans leurs entreprises. Je les invite à rejoindre le camp de la patrie, car ce n'est que dans l'unité et la concorde que nous arriverons à vaincre cet ennemi qui a pris l'habitude de semer la désolation dans nos villes et villages.

C'est l'occasion pour moi de saluer la montée en puissance de notre armée et la bravoure de nos soldats qui, en dépit de toutes ces tractations démobilisatrices, continuent sous le drapeau, à donner le meilleur d'eux-mêmes, et ce, jusqu'au sacrifice suprême, pour la défense de l'intégrité et de la souveraineté de notre pays. Unissons-nous, chers compatriotes, derrière nos Forces de Défense et de Sécurité, car la victoire finale appartient à la Mère-Patrie, la République Démocratique du Congo que nous ne trahirons jamais.

Je souligne que, dans le but de rétablir la paix sociale dans ces contrées en proie à l'insécurité, j'ai initié la mise en place du Programme chargé du désarmement, de la démobilisation, du relèvement communautaire et de la stabilisation, P/DDRCS en sigle, pour encourager les compatriotes qui sont dans les groupes armés à déposer les armes et à réintégrer la vie communautaire, loin du métier des armes. Je saisis cette opportunité pour saluer l'appui reçu des différents partenaires dans la mise en place de ce programme ; et je profite également de cette tribune pour saluer la contribution des Nations Unies, qui à travers la MONUSCO, soutien notre pays dans cette volonté de pacification et de stabilité dans la partie Est de notre territoire.

Mais, comme la Paix va de pair avec la justice, j'ai instruit le Gouvernement de la République à mettre en œuvre des mécanismes réparateurs, notamment celui de Justice transitionnelle, au bénéfice des victimes.

Par ailleurs, certaines forces terroristes opèrent également dans d'autres pays voisins. C'est le cas des ADF qui écument spécialement la frontière commune entre l'Ouganda et la République Démocratique du Congo. Ainsi, pour les combattre plus efficacement, nos deux pays ont convenu tout récemment de mutualiser leurs efforts en vue de mener des opérations conjointes contre cet ennemi commun ; notre Parlement dûment informé.

Je veillerai à limiter au temps strictement nécessaire à ces opérations, la présence de l'armée ougandaise sur notre sol.

Honorables Députés Nationaux et Sénateurs,

Permettez-moi de relever que les grandes villes de notre pays n'ont malheureusement pas été épargnées par des cas d'insécurité commis par des délinquants de tout bord, communément appelés « Kulunas », et des coupeurs de routes, qui ont délibérément choisi de troubler la quiétude des paisibles citoyens, en les terrorisant aussi bien à l'arme blanche qu'à l'arme à feu. Une mauvaise culture qui doit absolument être bannie de notre société.

Pour anéantir tous ces fléaux et garantir la sécurité des personnes et de leurs biens sur toute l'étendue du pays, j'ai instruit le Gouvernement de la République de prendre toutes les mesures idoines contre ces marginaux. Je me réjouis des premiers résultats obtenus par l'expérience du Centre pilote de Kaniama-Kasese. Jadis abandonnés à eux-mêmes, aujourd'hui ces jeunes compatriotes, maîtrisent plusieurs métiers dont la maçonnerie, la menuiserie, l'agriculture et l'élevage. Je demande au Gouvernement d'intensifier ces efforts de réinsertion sociale des jeunes désœuvrés sur l'ensemble du territoire pour leur meilleure contribution au développement du pays.

Honorables Députés Nationaux et Sénateurs,

A mon accession à la Magistrature suprême, j'annonçais que l'Etat de droit, une justice indépendante, la lutte contre la corruption et l'impunité constituaient le leitmotiv de mon action dans son volet de la gouvernance politique. C'est dans ce sens qu'il faut placer la redynamisation de certaines structures. En effet, j'ai mis un point d'honneur à améliorer l'efficacité de l'Inspection Générale des Finances, (« IGF », en sigle) dont l'action était, jusqu'à mon arrivée, peu perceptible. De même, la création de l'Agence de Prévention et de Lutte contre la Corruption, APLC, répondait à cet impératif.

Placée sous mon autorité directe, l'Inspection Générale des Finances contribue efficacement à l'effort d'assainissement des finances publiques et cela, à la grande satisfaction de nos populations. Néanmoins, l'IGF ne peut remplacer l'action du Pouvoir judiciaire ayant seul la mission constitutionnelle de dire le droit.

Je reste convaincu que l'instauration de l'Etat de droit et de l'autorité de l'Etat impose une justice consciente de son rôle et de son indépendance, et ceci devait être notre perception commune. Malheureusement, en dépit de certains progrès que je salue, je ne saurais rester indifférent, en ma qualité de Magistrat suprême, aux cris de détresse et de désolation des congolaises et congolais qui, chaque jour qui passe, réclament plus de garanties d'une bonne et saine administration de la justice.

Aujourd'hui encore sur le banc des accusés, notre justice devait pourtant rassurer tout le monde, nantis ou non, puissant comme faible, en ayant pour égard que la protection des droits. Bref, une justice qui, non seulement dit le droit, mais rassure que le droit, alors le bon, a été dit.

Je réaffirme mon engagement à poursuivre les réformes courageuses dans le secteur de la justice, y compris celles relatives aux structures et à la qualité de leurs animateurs suivant le principe « l'homme qu'il faut à la place qu'il faut».

J'encourage le Conseil Supérieur de la Magistrature à faire fonctionner les chambres disciplinaires afin que la sanction soit la seule récompense des mauvais magistrats qui, par leur comportement, ternissent l'image de toute une institution voulue un Corps d'élite.

Dans le souci de résorber les problèmes récurrents des effectifs insuffisants des Magistrats, le Gouvernement est appelé, avec le concours du Conseil Supérieur de la Magistrature, à finaliser le processus de recrutement dont le dernier en date remonte malheureusement à plus d'une décennie.

Dans le cas particulier de la Cour Constitutionnelle, actuellement très sollicitée dans le cadre de la protection des droits et libertés des citoyens, ce que je salue et encourage, l'expérience a toutefois démontré que, lors du traitement des contentieux électoraux, les neufs juges qui la composent sont souvent débordés, au regard des contraintes de délais.

J'encourage donc le Président de cette Juridiction à travailler avec le Gouvernement, afin de mettre en place le Corps des Conseillers référendaires, un outil technique légal qui se révèlera déterminant dans le traitement desdits dossiers et dans la pérennisation de la jurisprudence. C'est dans le même sens que j'entends rendre opérationnels dans les tout prochains jours les différents organes et structures de la Cour des Comptes, la plus haute instance de contrôle des finances publiques, afin qu'elle joue pleinement son rôle de patrouilleur financier en chef, avec l'appui de l'Inspection Générale des Finances.

J'attends que ces mêmes performances soient au cœur de l'action de l'Agence de Prévention et de lutte contre la Corruption, de la Cellule Nationale de Renseignements Financiers ainsi que d'autres Services supérieurs de contrôle, en tant que dispositifs de la lutte contre la corruption, le détournement des deniers publics, le blanchiment de capitaux, la fraude, et même le financement du terrorisme.

Honorables Députés nationaux et Sénateurs,

La mobilisation des investissements dont nous avons besoin pour créer des richesses et développer notre pays, nécessite un bon climat des affaires.

Ceci implique qu'en permanence, nous soyons non seulement attentifs aux doléances des opérateurs économiques mais aussi et surtout que nous imaginions des mécanismes pouvant permettre d'améliorer les conditions d'exercice des affaires et en assurer le suivi.

Au cours de cette année, j'ai réitéré au Gouvernement ma volonté de prendre en charge avec efficacité la problématique du climat des affaires par une nouvelle approche de suivi-évaluation jamais expérimentée dans notre système de gouvernance afin de rassurer les investisseurs.

A cet effet, j'ai le plaisir d'annoncer la mise sur pied d'un outil qui va désormais permettre, en temps réel, à moi-même, au Premier Ministre, ainsi qu'à chacun des membres du Gouvernement concerné, de suivre méticuleusement le rythme de mise en œuvre des réformes et assignations relatives au Climat des affaires. Il s'agit, en fait, d'un Tableau de bord numérique taillé sur mesure, à partir du Programme du Gouvernement.

Aussi, j'invite le Parlement à parachever le cadre légal relatif, d'une part, à l'organisation et au fonctionnement des tribunaux de commerce et, d'autre part, aux dispositions nationales complémentaires au Droit de l'OHADA.

En outre, la rationalisation de la fiscalité demeure la réponse appropriée aux tracasseries souvent dénoncées par les opérateurs économiques. Il faut des réformes innovantes en la matière pour y remédier.

Honorables Députés Nationaux et Sénateurs,

Je voudrais saluer une fois de plus, la détermination, la fermeté et la ferveur avec lesquelles vous aviez, toutes tendances confondues, accepté de répondre favorablement à mon appel de ralliement dans une UNION SACREE DE LA NATION, un appel exaltant, à la fois de cœur et d'esprit, en vue de consolider les principes et les valeurs autour des actions nobles, à même de répondre positivement aux nombreuses et anxieuses attentes de notre Peuple, les mêmes attentes malheureusement non comblées depuis des décennies.

Permettez-moi de vous rappeler que cet engouement et ce nouvel élan ont permis de mettre rapidement en place de nouveaux Bureaux tant à l'Assemblée Nationale qu'au

Sénat et de former le Gouvernement actuel appelé à défendre les intérêts de la population. Ce qui a réellement permis de faciliter les échanges et de jeter des réelles passerelles de collaboration entre les différentes Institutions de la République.

Je rappelle que ce Gouvernement de la République a comme principales missions :

- la restauration de la Paix et de la Sécurité,
- la relance de l'économie nationale ;
- l'assainissement de la gestion des finances publiques ;
- la lutte contre la corruption sous toutes ses formes ;
- l'amélioration qualitative des conditions de vie de nos populations ;
- la Couverture Santé Universelle ;
- l'application de la gratuité de l'enseignement comme prescrit dans la Constitution ;
- Et le renforcement de l'autorité de l'Etat ainsi que de l'Etat de droit.

Je relève aussi que la mise en œuvre, sous mon impulsion, de ces différents piliers, est à la base de l'amélioration progressive et qualitative de la gouvernance politique, économique et sociale, qui donne déjà des résultats qu'il sied de soutenir.

C'est ici pour moi le lieu de saluer la cohésion perceptible autour de l'Union Sacrée de la Nation, en dépit de petites querelles de clochers que je considère d'ailleurs comme des manifestations éloquentes de l'expression même de la démocratie. En outre, je tiens à préciser que malgré son appartenance à la Majorité ou à l'Opposition, chacun de nous doit pleinement jouer sa partition, dans l'amour du pays, de notre Peuple et dans le respect des Institutions.

Dans cet esprit, je tiens à exprimer le profond respect que j'éprouve à l'égard de notre Peuple, pour sa farouche détermination à garder toujours allumée la flamme de l'unité nationale, en dépit de l'adversité et de toutes les épreuves que nous impose cette marche vers la paix, la démocratie, l'unité, la cohésion, l'Etat de droit et le Progrès Social.

Honorables Députés Nationaux et Sénateurs,

En même temps que je reconnais l'harmonie dans les relations entre différentes Institutions au niveau national, je dois malheureusement mentionner que l'année 2021 a fondamentalement été caractérisée par l'instabilité des Assemblées et Gouvernements provinciaux.

En effet, les conflits entre ces Institutions provinciales se sont exacerbés au cours de cette année, au point d'hypothéquer foncièrement le développement des Provinces concernées. Il y a lieu de noter que 14 Provinces sur 26 ont connu la destitution de leurs Gouverneurs par les Assemblées Provinciales. A la suite de ces mêmes conflits, certains Présidents des Assemblées Provinciales ont aussi été démis de leurs fonctions.

Il est extrêmement important pour chacun de ces acteurs provinciaux de prendre réellement conscience qu'aucun développement ne peut se faire dans pareil contexte de crise. La prochaine session de la conférence des Gouverneurs sera l'occasion de réfléchir autour des pistes de solutions à cet épineux problème.

Par ailleurs, je vous exhorte vivement à envisager l'amendement de certains textes légaux se rapportant à la gestion des Institutions provinciales. J'invite une fois de plus, les députés provinciaux et les gouverneurs à observer leurs prérogatives, dans le strict respect des lois de la République, en s'abstenant de tout acte qui puisse bloquer le bon fonctionnement des Provinces. Entretemps, le Sénat, en tant qu'émanation des Assemblées Provinciales, est appelé à poursuivre ce rôle de médiateur et de conseil auprès de leurs animateurs, pour que règne l'harmonie au sein de nos Provinces.

Honorable Président de l'Assemblée Nationale,
Honorable Président du Sénat,

Honorables Députés Nationaux et Sénateurs,
Distingués Invités,

Mes très chers Compatriotes,

J'estime utile d'attirer l'attention de tous sur les préparatifs des prochaines élections. En effet, le processus électoral avec ses enjeux, oblige que nous nous engagions, dès à présent, pour des élections que nous voulons crédibles en écartant les différents obstacles tant juridiques que matériels qui en constituent les pesanteurs.

Mon engagement de faire de la République Démocratique du Congo un Etat véritablement démocratique ne peut se concrétiser sans l'organisation d'élections libres, démocratiques, transparentes et dans le délai constitutionnel. Je lance donc un appel solennel à tout notre Peuple pour accompagner démocratiquement la Commission Electorale Nationale Indépendante et pour s'impliquer activement dans le processus électoral.

Je rappelle que celui-ci a déjà commencé avec la désignation de ses nouveaux animateurs, après consultation des Confessions religieuses et validation par l'Assemblée Nationale.

Afin de parachever la composition du Bureau de la CENI, j'invite instamment ceux des acteurs politiques qui traînent encore les pieds, à désigner rapidement leurs représentants respectifs au sein de ce Bureau. J'invite, en même temps, le Gouvernement à mobiliser et à disponibiliser les moyens financiers conséquents pour permettre à la CENI de respecter les délais d'organisation de ces élections, afin qu'elles se tiennent effectivement en 2023. Pour ce faire, il est également important que le Parlement procède diligemment au vote des lois encore en souffrance, pour un aboutissement heureux du prochain cycle électoral.

Honorables Députés Nationaux et Sénateurs,

Comme je l'ai évoqué au début de mon adresse, notre pays a souffert de crises sanitaires survenues au cours de cette année. En effet, la pandémie de Covid-19 n'a pas épargné la République Démocratique du Congo. Même si notre pays affiche à ce jour un taux de mortalité relativement faible, je vous exhorte à continuer d'observer strictement les mesures barrières, car l'apparition successive de nouveaux variants montre que nous n'en avons pas encore fini avec cette pandémie. J'en appelle ainsi à la vigilance de nos services aux frontières, d'appliquer rigoureusement les mesures édictées à cet effet.

Dans l'état actuel des connaissances, le vaccin demeure le moyen le plus efficace d'éviter les formes graves de la maladie. En effet, les données collectées à ce jour montrent, sans aucun doute, que les gains en termes de protection des personnes vaccinées contre les formes graves de la maladie supplantent les effets indésirables et souvent passagers, attribuables au vaccin. Je recommande vivement à la population de se faire vacciner pour se protéger.

En plus de la pandémie de Covid-19 et de l'épidémie de la maladie à virus Ebola, notre pays a été fortement éprouvé par d'autres urgences sanitaires. C'est notamment le cas de l'épidémie de méningite dans la province de la Tshopo et celle de « Monkey Pox » déclarée récemment au Maniema. Nos équipes sont à pied d'œuvre pour y mettre fin dans le cadre d'une riposte appropriée.

Je saisis cette opportunité pour saluer la compétence des scientifiques congolais qui ont fait rayonner notre pays, avec entre autres, la mise au point du médicament EBANGA, dûment certifié sur le plan international, pour son efficacité dans le traitement de la maladie à virus Ebola.

Honorables Députés Nationaux et Sénateurs,

Toutes les urgences et catastrophes sanitaires que nous avons connues cette année, et même bien avant, nous ont appris une grande leçon, celle de savoir que pour mieux prévenir et riposter, il nous faut absolument construire un système de santé plus solide et plus résilient, pour le bénéfice de tous les Congolais. C'est la raison pour laquelle j'ai fait de la Couverture Santé Universelle une Cause nationale en République Démocratique du Congo. Dans les prochains jours, le Gouvernement mettra tout en œuvre pour rendre effective cette vision, par ailleurs fortement souhaitée par notre Peuple.

A cet effet, je vous rappelle que nous disposons d'ores et déjà d'une Stratégie nationale en la matière, d'un cadre de pilotage et de coordination, ainsi que de tous les instruments de facilitation pour son déploiement sur l'ensemble du territoire national.

En outre, le Gouvernement s'apprête à verser au Fonds de Solidarité de Santé, la contribution pour la prise en charge des indigents, ainsi que la part patronale de la contribution des Agents de carrière des services publics de l'État.

Il est temps que la pauvreté et le manque de ressources financières ne constituent plus de barrière à l'accès aux services et aux soins de santé de qualité.

Honorables Députés Nationaux et Sénateurs,

Cette année, notre pays a eu le privilège d'assumer la présidence tournante de l'Union Africaine. Dans mon discours d'acceptation, j'avais annoncé mon intention de mettre « l'Union Africaine au service des Peuples africains ». Cette formulation m'avait paru conforme au thème général retenu pour l'exercice 2021, à savoir « Arts, Culture et Patrimoine : Leviers pour construire l'Afrique que nous voulons ».

Les arts et la culture sont en effet l'expression de la créativité de nos peuples. Au moment où ce mandat tend vers sa fin, je peux dire ma fierté d'avoir contribué à mettre l'Union Africaine au service des peuples.

J'ai mis au centre de mon action, les questions liées à l'albinisme, l'égalité des sexes, les violences faites aux femmes et aux filles, la lutte contre le changement climatique et la protection des communautés locales et peuples autochtones.

C'est dans ce cadre qu'il faut situer: la mobilisation des pays africains autour du prochain Colloque international sur la reconstitution des biens culturels et la renaissance africaine ; la tenue de la Conférence de Kinshasa sur l'égalité des sexes en Afrique et l'adoption de la Déclaration de Kinshasa sur l'égalité des sexes ; la Conférence de Kinshasa sur la Masculinité Positive et l'adoption de la Déclaration de l'Union Africaine pour mettre fin aux violences faites aux femmes et aux filles.

Et enfin, l'organisation du Colloque Panafricain de Kinshasa sous le thème « Solidarité Africaine pour une Afrique en faveur des Personnes atteintes d'Albinisme ».

Au cours de cette année 2021, j'ai également porté la voix de l'Afrique au niveau international, surtout dans le contexte de COVID-19, pour réclamer au profit du continent les meilleures conditions de lutte contre la pandémie et de relance de nos économies nationales.

A cet effet, lors du Sommet de Paris sur le financement des économies africaines en mai 2021, j'ai plaidé pour plus de moyens financiers en faveur de l'Afrique et pour la poursuite et le renforcement des mécanismes mis en place pour soulager les pays africains tombés dans des situations de surendettement à cause des effets de la pandémie. Au sommet du G20 à Rome, au nom de l'Afrique, j'ai appelé les pays participants à concrétiser leurs engagements en faveur de la préservation des forêts du Bassin du Congo, à travers des financements conséquents. Dans le domaine sanitaire, j'ai soutenu la campagne en faveur de l'opérationnalisation de l'Agence Africaine de Médicaments et dans le cadre de la lutte contre la Covid-19 j'ai porté l'ambition légitime de l'Afrique à produire les vaccins sur le continent.

Par ailleurs, j'ai réclamé, dans le cadre de la réforme en cours du Conseil de Sécurité des Nations Unies, quatre sièges pour l'Afrique, dont deux membres non permanents et deux autres membres permanents.

Toujours sur le plan continental, j'ai été à l'avant-plan de nombreuses initiatives de préservation de la paix. Plus particulièrement, j'avais dès le début de mon mandat pris à bras le corps la problématique du différend qui oppose depuis plusieurs années l'Éthiopie, l'Égypte et le Soudan autour du Grand barrage Ethiopien de la Renaissance. Ces efforts ont permis de créer une dynamique de dialogue permanent.

La tenue à Kinshasa en avril 2021 de la Première conférence ministérielle sur ce conflit a été un moment clé de cette dynamique.

La Présidence de l'Union Africaine était l'occasion pour la RDC, de retrouver sa place dans les instances internationales. En effet, depuis des décennies, il n'y avait aucune politique nationale pour positionner nos nombreux experts au sein des Organisations internationales, ce qui était incompréhensible. J'ai donc décidé de changer cet état de fait et je suis heureux d'annoncer qu'au cours de cette année, un compatriote a été élu Président de la Commission africaine des droits de l'homme et des peuples, et un autre membre de la Commission du Droit International des Nations Unies. De plus, une Congolaise a été nommée au poste de Directrice des Ressources Humaines de la Commission de l'Union Africaine.

Honorable Président de l'Assemblée Nationale,
Honorable Président du Sénat,

Honorables Députés Nationaux et Sénateurs,
Distingués Invités,

Mes très chers Compatriotes,

Depuis mon arrivée au pouvoir, j'ai fait du retour de la République Démocratique du Congo sur la scène internationale, l'une de mes priorités, avec un objectif clair, celui d'ouvrir notre pays au monde et de briser son isolement diplomatique.

La réintégration de notre pays dans le concert des nations est ainsi devenue une réalité. En effet, le nombre de pays qui ont accrédité leurs Ambassadeurs en RDC ne cesse de croître, avec l'enregistrement tout récemment des demandes de l'Australie, de l'Indonésie et d'autres pays ayant des Ambassadeurs non-résidents, soucieux de voir leurs ambassades s'ouvrir à Kinshasa.

Sur le plan régional, nos énergies ont été déployées pour maintenir une politique de bon voisinage avec nos neuf voisins. Ainsi, nous avons intensifié les contacts sur le plan bilatéral avec notamment le Burundi, l'Ouganda et le Rwanda.

Pour redynamiser les relations avec nos Partenaires, d'une part, j'ai nommé de nouveaux ambassadeurs en Belgique, en France, en Chine et en Côte d'Ivoire et, d'autre part, j'ai désigné nos Représentants Permanents auprès des Nations Unies, à New York et à Genève.

Enfin, j'ai demandé au Gouvernement de veiller à la mise en place des réformes au sein de l'appareil diplomatique national et d'entamer le processus de la prise en charge adéquate de nos diplomates et de leurs familles à l'extérieur du pays.

Honorables Députés Nationaux et Sénateurs,

Au cours de l'année 2021, notre Coopération internationale a aussi connu des avancées significatives avec nos divers Partenaires de l'Amérique, de l'Asie et de l'Océanie. Les retombées de la redynamisation de notre diplomatie ne sont plus à démontrer, comme en témoignent plusieurs Projets, Accords et Memoranda d'Entente que notre pays vient de conclure.

Honorables Députés Nationaux et Sénateurs,

Du 31 octobre au 12 novembre 2021, s'est tenue à Glasgow, la vingt-sixième conférence sur les changements climatiques. A cette occasion, j'ai hautement porté l'ambition de la République démocratique du Congo à assumer son leadership naturel comme « Pays solution » faciaux défis climatiques actuels, en raison des ressources naturelles exceptionnelles dont elle regorge. J'ai eu à rappeler qu'avec environ 52% des ressources en eau douce représentant 10% de celles du monde, en plus de ses forêts et de sa biodiversité, notre pays s'est résolument inscrit, au cours de ces assises, dans une perspective de matérialisation effective  de son agenda.

L'objectif n'était pas de vanter, une fois de plus, les potentialités naturelles de notre pays, mais plutôt de mettre le cap uniquement vers des actions à impacts concrets sur la vie des populations. A cet effet, j'ai clairement indiqué qu'il est impératif de concilier la conservation de nos forêts et de nos tourbières pour juguler la crise climatique, avec notre engagement à combattre la pauvreté, qui est l'une des causes majeures de la déforestation en Afrique.

En effet, avant d'interdire aux Congolais vivant à MONKOTO ou à EPULU, pour ne citer que ces deux agglomérations, de pratiquer l'agriculture itinérante sur brûlis, dans le but de subvenir aux besoins de leurs familles, il est préférable de leur proposer, au préalable, des alternatives durables.

Pour y parvenir, j'ai lancé, de manière non équivoque, un appel à l'action, au moyen des partenariats gagnants-gagnants, notamment avec les pays industrialisés, en vue de mobiliser des financements adéquats.

En somme, la République démocratique du Congo ne fait que réclamer des compensations justes et équitables pour sa contribution avérée à la stabilisation du climat sur l'ensemble de la Planète. Elle prône par ma voix, la mise en place de prix plus justes des crédits-carbones, qui devraient se situer autour de 100 dollars américains, en lieu et place de 5 dollars pratiqués actuellement, qui sont disproportionnés et dérisoires.

J'ai également parlé des forêts du Bassin du Congo dont la RDC détient plus de 60% et qui représentent actuellement le premier poumon de la Planète. Notre démarche rappelle en urgence qu'en vue de préserver cet acquis naturel, il faut investir dans la mise en place de projets de développement structurants, au bénéfice des populations riveraines depuis longtemps défavorisées.

La mobilisation, tous azimuts, obtenue autour de cette urgence constitue une étape cruciale dans la bonne direction. La conférence de Glasgow a été aussi une opportunité de mettre en évidence le fait que la RDC regorge de métaux stratégiques, en l'occurrence le cobalt et le lithium, qui sont indispensables à la transition énergétique.

A cet effet, j'ai instruit le Gouvernement d'accélérer la création d'une véritable chaîne de valeurs dans ce secteur. La tenue du « DRC Africa Business Forum » procède par ailleurs de cette logique. Il s'est agi de promouvoir des investissements nécessaires pour valoriser l'immense mix énergétique de notre pays, constitué notamment de l'hydroélectricité, du solaire et de la biomasse.

Honorables Députés Nationaux et Sénateurs, l'intérêt suscité pour notre pays à Glasgow, a permis d'obtenir d'importants résultats :

1. La signature de la déclaration politique relative au second partenariat RDC-Initiative pour les forêts de l'Afrique centrale, CAFI en sigle, pour un montant de 500 millions de dollars américains ;

2. L'appui financier de 1,5 milliard de dollars américains pour la protection des forêts et tourbières du Bassin du Congo, activable à partir de l'année 2022

Dans la même optique, des accords et partenariats bilatéraux portant sur des financements importants sont en cours de négociation avec des Etats et divers Partenaires techniques et financiers dans les secteurs de l'agriculture résiliente, pour lutter contre la déforestation, améliorer les infrastructures et assurer le développement des peuples autochtones.

Pour un meilleur suivi de ce dossier stratégique, j'ai instruit le Gouvernement à accorder le bénéfice de l'urgence, tant au processus de formalisation qu'à la mise en œuvre de ces partenariats.

J'ai également demandé au Gouvernement de s'assurer de manière permanente, que le positionnement de la République Démocratique du Congo comme « Pays solution » à la crise climatique soit maintenu et consolidé, aussi bien dans le cadre du suivi des recommandations de la COP26, que dans celui des préparatifs de la COP27 prévue en Egypte.

Honorable Président de l'Assemblée Nationale,
Honorable Président du Sénat,

Honorables Députés Nationaux et Sénateurs,
Distingués Invités,

Mes très chers Compatriotes,

Faudrait-il rappeler à nos souvenirs que dès ma prise de fonction, la République Démocratique du Congo a renoué le contact avec le Fonds

Monétaire International, pour pouvoir bénéficier des financements nécessaires en termes d'appuis budgétaires et d'autres, afin de soutenir les différentes réformes envisagées. La reprise de la coopération avec cette institution permet à la fois au pays de renforcer les capacités de l'Etat et de soutenir les activités productives, en vue de la relance effective de la croissance économique et de l'éradication progressive de la pauvreté.

Je me suis personnellement investi pour donner l'impulsion nécessaire à notre action diplomatique de mobilisation des ressources extérieures, ce qui a permis leur progression sensible, en dépit de l'impact négatif de la pandémie de Covid-19. Ces contacts avec nos Partenaires au développement, notamment le FMI, ont abouti à la signature d'un Accord permettant à la RDC d'accéder dans un premier temps, en 2020, au déboursement de 732 millions de dollars américains, au titre de la Facilité de crédit rapide, ayant contribué au relèvement du niveau de nos réserves internationales.

Par la suite, la RDC a conclu un Accord triennal au titre de la Facilité de crédit élargi pour un montant de 1,5 milliards de dollars américains. Ces appuis, Honorables Députés Nationaux et Sénateurs, ont permis à notre pays de soutenir son Programme de réformes à moyen terme qui vise notamment, le maintien de la stabilité macroéconomique, l'accroissement de la marge de manœuvre budgétaire ainsi que la promotion d'une croissance économique durable. Pour le seul exercice 2021, la RDC a bénéficié de la part de ses partenaires extérieurs multilatéraux, des engagements de l'ordre de 4,5 milliards de dollars américains. Il s'agit là d'un niveau record dans l'histoire récente de notre pays.

Dans cette même dynamique, je me suis rendu au cours de cette année successivement dans plusieurs pays du Moyen et du Proche-Orient ainsi qu'en Asie Mineure, avec la ferme volonté de permettre au Peuple congolais d'en retirer de substantiels dividendes dans les meilleurs délais. Je reste ainsi déterminé à faire davantage, pour un aboutissement heureux de toutes les profondes réformes engagées, notamment dans les secteurs de la Justice, de l'Education et de la Santé, en vue d'un meilleur alignement de notre économie aux standards requis de performance.

Ces différentes réalisations sont les résultats tangibles de notre intense action diplomatique.

Il va sans dire que cette mobilisation des ressources extérieures devra se poursuivre l'année prochaine. Toutefois, le financement du développement de notre pays ne peut pas reposer uniquement sur les ressources extérieures. Aussi, ai-je instruit le Gouvernement de réengager le pays vers d'autres réformes devant contribuer sensiblement à l'amélioration de la mobilisation des recettes et à l'élargissement de l'assiette fiscale.

Déjà en 2021, la stricte observance de la discipline budgétaire nous a permis, pour la première fois de l'histoire de notre pays, d'atteindre et même de dépasser les assignations budgétaires, conduisant ainsi à des recettes additionnelles de plus de 2 milliards de dollars américains. Cette performance doit nous motiver pour continuer à mobiliser davantage nos recettes internes.

De même, une meilleure gouvernance du secteur extractif devrait permettre à l'Etat de mobiliser davantage de ressources pour financer ses chantiers prioritaires tels que la gratuité de l'Enseignement primaire et la Couverture Santé Universelle.

En ce qui concerne l'année 2022, la croissance du Produit Intérieur Brut qui a été évaluée à 5,6% dans le Projet de Loi des finances soumis à l'examen du Parlement, pourrait plutôt s'établir à 6,4%, suivant les dernières estimations du FMI. Les principales sources de cette croissance sont dues aux performances attendues dans les secteurs des industries extractives, du transport, de la communication, ainsi que dans celui du commerce.

Honorables Députés Nationaux et Sénateurs,

Je suis conscient que la situation sociale de nos compatriotes n'est pas reluisante. Beaucoup de ménages peinent à nouer les deux bouts du mois et n'ont pas accès aux services sociaux de base tels que l'eau, l'électricité, les soins de santé, les transports. Certes, au cours de l'année 2021, le Gouvernement a pris un train de mesures en faveur de la population, mais celles-ci restent insuffisantes. Je demande donc au Gouvernement d'accélérer la mise en œuvre de projets à impacts rapides et visibles. En effet, dans les secteurs de l'eau et de l'électricité et de la santé pour ne citer que ceux-là, la plupart des projets en cours souffrent d'un manque de coordination et d'une faiblesse de pilotage.

Ainsi par exemple les centrales de Busanga de 240 MW dans le Lualaba et de Mwadingusha de 32 MW dans le Haut Katanga, sont complètement achevées mais toujours pas en activité. Que dire des trois groupes thermiques de 800 KVA chacun dans la ville de Kananga ? La Ville de Kisangani est restée 4 mois dans l'obscurité alors que ce désagrément aurait pu être évité avec une meilleure gestion de la centrale de la Tshopo.

En ce qui concerne la desserte en eau potable de la ville de Kinshasa, les usines de Lemba Imbu d'une capacité de 35 000 mètres cube par jour, ainsi que de Binza Ozone d'une capacité de 110 000 mètres cubes par jour, connaissent des retards préjudiciables à la population.

Ces dysfonctionnements sont inacceptables. J'interpelle ainsi tous les intervenants pour régler sans délai les problèmes et de livrer ces ouvrages pour améliorer les conditions de vie de la population.

Honorables Députés Nationaux et Sénateurs,

La question des transports et des voies de communication est un défi permanent dont l'impact sur l'économie nationale et par ricochet sur les conditions de vie de nos compatriotes est indéniable. En matière de développement des infrastructures routières, les axes stratégiques sont les suivants:

- La réhabilitation des routes de desserte agricole existantes et la construction de nouvelles routes,
- Le rétablissement du trafic par la réouverture du réseau de certains tronçons de route en terre battue, restées longtemps impraticables et ;
- La protection et l'entretien de ces routes par la réinstauration du système de cantonnage manuel.

En plus d'améliorer sensiblement le trafic urbain et interurbain, la réalisation de ces ouvrages devrait également permettre une meilleure connectivité entre nos différentes Provinces.

Ces efforts d'amélioration des infrastructures routières sont déjà perceptibles à travers les projets suivants :

1. Le bitumage de 86 km du tronçon de la Route Kolwezi - Dilolo ;
2. Le bitumage du tronçon Boma – Moanda;
3. Le bitumage de 140 km entre Kasumbalesa et Sakanya;
4. Le bitumage du tronçon Tshikapa - Kamuesha, et Réhabilitation des Infrastructures rurales connexes ;
5. Le bitumage de 56 km du tronçon Pont Lovua – Tshikapa;
6. La construction d'un nouveau Pont, long de 160 mètres sur la rivière Kasaï à Tshikapa.

Nous allons continuer ces efforts, et en 2022 il est attendu le lancement des projets ci-après :

1. La construction du Port en eau profonde de Banana ;

2. Le bitumage de la Route Kasomeno, en RDC – Mwenda, en Zambie, longue de 270 km;

3. Le bitumage de 30 km de Voirie dans la Ville de Bukavu et celui de 100 km du tronçon Bukavu – Goma ;

4. Le bitumage de 748 km du tronçon Beni - Komanda – Niania – Kisangani ;

5. La réhabilitation de 80 km du tronçon Kasindi – Beni ;

6. La réhabilitation de 54 km du tronçon Beni-Butembo ;

7. 7.        La réhabilitation de 89 km du tronçon Bunagana – Rutshuru – Goma ;

8. La mise en service du bac pour la traversée entre Zongo et Bangui (RCA) ;

9. Le bitumage de la route Kalamba Mbuji – Kananga – Mbuji Mayi.

Enfin, dans le domaine du transport aérien, il faut signaler la modernisation de la tour de contrôle de l'aéroport international de Goma.

La modernisation des aéroports internationaux, de Lubumbashi, de Kisangani et de Kolwezi, de même que la réhabilitation, le renforcement et l'extension des pistes et parkings dans plusieurs autres aéroports nationaux sont prévus, notamment celui de Ndolo.

Honorables Députés Nationaux et Sénateurs,

Nous disons souvent que Kinshasa n'est pas la République Démocratique du Congo. Il est temps de traduire cette affirmation en actes concrets en adoptant l'approche qui postule que tout développement devrait partir de la base vers le sommet. C'est d'ailleurs le sens même du système politique prévu dans la Constitution de 2006 qui prévoit un Etat unitaire fortement décentralisé. Dans ce système, le territoire est l'espace géographique qui permet la jonction entre le pouvoir central et les provinces. L'objectif étant d'améliorer les conditions de vie des populations rurales et d'accélérer le développement de notre pays.

Voilà pourquoi il sera lancé, en 2022, un ambitieux programme de développement du pays par la base, à travers ses 145 territoires. Les priorités retenues dans ce programme sont :

- Le désenclavement des territoires par la réhabilitation de près de 9000km et l'entretien de 30 000km de routes de desserte agricole ;
- L'amélioration de l'accès des communautés rurales à l'électricité, notamment par la construction de mini-centrales photovoltaïques ;
- L'amélioration de l'accès à l'eau potable, par la construction de forages et l'aménagement de sources ;
- La construction d'infrastructures économiques rurales, notamment, par l'équipement de 748 centres de santé, plus de 1200 écoles ainsi que l'aménagement de marchés modernes ;
- Et enfin, la restauration de l'autorité de l'État, en commençant par la construction de

bâtiments administratifs dans tous les 145 territoires.

Honorable Président de l'Assemblée Nationale, Honorable Président du Sénat,

Honorables Députés Nationaux et Sénateurs, Distingués Invités,

Mes très chers Compatriotes,

Vous venez de suivre les réponses aux divers points saillants autour de plusieurs questions essentielles qui touchent à la survie et à l'organisation de notre Nation, en ce que celle-ci a de plus profond et de plus légitime. Le parcours de l'année 2021 avec ces différents faits relevés et les défis qu'ils impliquent, loin de nous affaiblir et de nous diviser, ont l'avantage de nous rappeler que nous avons un destin collectif à assumer pour l'épanouissement de la Nation.

Nos préoccupations demeurent fondamentalement celles d'apporter des réponses aux problèmes permanents liés au vécu quotidien de notre Peuple, en vue de consolider le Contrat social qui le lie à nous, ses représentants, appelés à défendre ses intérêts et à réaliser son bonheur.

L'organisation de la Cité, telle que nous la préconisons, doit assurer et garantir l'unité et l'intégrité du Territoire national, instaurer la paix et assurer la sécurité des personnes et de leurs biens, sur toute l'étendue de la République. A ce titre, c'est dans un Etat que nous voulons de droit, caractérisé par une Justice distributive, que nous avons focalisé l'attention du Gouvernement sur la prise en charge des problèmes que rencontrent nos concitoyens dans les divers secteurs de la vie, pour leur trouver des réponses satisfaisantes.

Ce travail de longue haleine nous contraint à revisiter toutes les structures sociales désuètes et à repenser comment notre pays peut rationnellement mettre du vin nouveau dans des outres neuves, pour que le meilleur Congo de demain que nous appelons de tous nos vœux, démarre du bon pied dans tous les secteurs de la vie nationale. Les vases communicants à instaurer dans ces secteurs n'auront pour finalité que l'épanouissement de la famille, l'intégration réelle et la cohésion des communautés dans le processus du développement attendu.

Sur ces points, il convient de noter que nos déplacements à l'extérieur du pays ont considérablement permis d'améliorer l'image de marque de la RDC qui s'est ainsi ouverte au monde comme un lotus. Et nombreux sont ces pays qui ont décidé de sceller avec nous des solides partenariats gagnants-gagnants.

Ouverte sur l'extérieur et, en interne, avec toutes ses Provinces interconnectées, la République Démocratique du Congo qui a aujourd'hui e vent en poupe, peut relever pour demain plusieurs défis de sa reconstruction.

Nous devons y croire fermement et nous y atteler urgemment. Ainsi, sa Population paupérisée, ces princes déshérités d'hier, pourront bénéficier de toutes leurs richesses du sol et du sous-sol, transformées pour leur mieux-être.

Tout en reconnaissant la vitalité de notre jeune démocratie et nos divergences, j'en appelle à notre conscience collective, dans la mesure où ce qui nous unit, c'est-à-dire, la République Démocratique du Congo, est plus important que l'égoïsme de chacun et les dangereux clivages tribalistes qui pourraient nous diviser. Renouvelons donc, en chacun de nous, cet engagement sublime qu'exalte notre Hymne National, celui de peupler notre sol et d'assurer la grandeur de notre Patrie. L'Histoire de la Nation que nous écrivons ensemble, dans la concorde et la fraternité, nous en saura gré.

Que Dieu bénisse abondamment la République Démocratique du Congo

Je vous remercie.

# *Speech*

## *Of DRC President*

## *Of 13-12-2021*

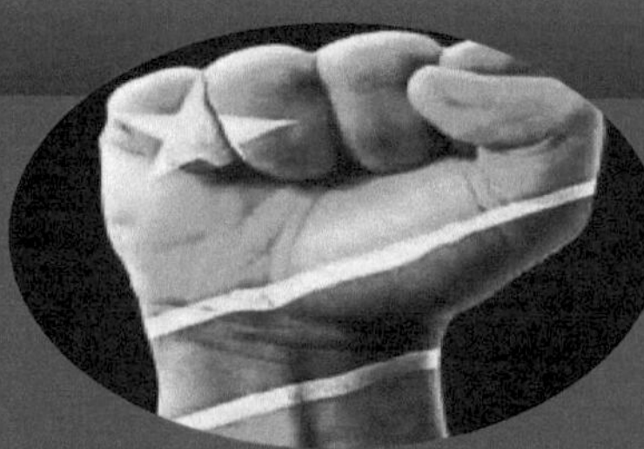

*Translated From French into English
by Sylvanus MW*

# Speech

## Of DRC President

## Of 13-12-2021

*English Version*

Honorable Speaker of the National Assembly, Honorable Speaker of the Senate,

Honorable National Deputies and Senators, Distinguished Guests,

My dear compatriots,

It is always with immense joy and pleasant pleasure that I find myself before you at this time of the year, in accordance with the relevant provision of our Constitution which provides in its Article 77, that the President of the Republic pronounces, a once a year, a speech on the state of the Nation before the National Assembly and the Senate, meeting in Congress.

Today, therefore, I have strictly observed this tradition, as in the previous two years, by presenting to you the results of various actions carried out during the year 2021 which is coming to an end. I thus provide answers and clarifications to the many concerns of our

People on the various vital questions that affect the progress and survival of our Nation.

But first of all, in order to honor the memory of our civilian and military compatriots who have fallen because of the activism of armed groups and the indiscriminate violence of the ADF terrorist group, during this year, I beg you to kindly agree to observe a moment of contemplation. (Thank you).

Honorable National Deputies and Senators,

I remain firmly convinced that one of the biggest questions that torments our minds, the one that each of us certainly carries like a thorn under the skin, relates to this climate of permanent and recurring insecurity which plagues the East of our country. country. This deleterious climate has always threatened its territorial integrity and lent itself to various interpretations.

Taking into account the unspeakable tragedies which the populations of many countries of this space are going through, I therefore decreed in

May of this year, with regard to Article 85 of our Constitution, the state of siege in the Northern Provinces -Kivu and Ituri, plagued by violence sown by negative forces formed into armed groups for more than a quarter of a century. The aim remains that of mobilizing all the multifaceted means at the disposal of the Republic, to definitively defeat this evil which annihilates all our development efforts.

In my capacity as Guarantor of territorial integrity, this is the place to solemnly renew my constitutional commitment by reaffirming that I will spare no effort to restore peace and security in every nook and cranny of the Republic. I therefore appeal to the collective conscience of each of us, Congolese and Congolese, and I appeal for a start and a patriotic sense, affirming that there will never be a Congolese without the Congo of their dreams.

Despite our differences of approach, and this is my ultimate and deep conviction, the integrity of the Congolese Nation must remain the concern of all Congolese, as we have already demonstrated on numerous occasions over the years time.

I take this opportunity to congratulate the two Chambers of Parliament which, in their concern to see peace return to these regions of the East of the Republic, have always authorized the successive renewals of the state of siege, in accordance with the legal texts in force. This has enabled our Armed Forces to calmly carry out the actions necessary for the reestablishment of peace in these two Provinces and to consolidate the achievements of operations.

Indeed, since the establishment of this state of siege, I have personally ensured that our valiant Defense and Security forces have all the necessary means to carry out operations on the ground. I note with satisfaction that our armed forces have gradually succeeded in moving the lines and recapturing several strongholds once occupied by the enemy.

Band leaders were neutralized, and several elements of these negative forces surrendered. Of course, the enemy, in his flight and his legendary nuisance, commits massacres on the civilian populations, but this will not alter my determination to bring peace to our country.

I would like, Honorable National Deputies and Senators, here to condemn this campaign of denigration and demobilization led by a tiny minority of our compatriots, playing pernicious roles of suffocation at each stroke, as if to confirm that the insecurity that reigns in this part of our country comforted them in their undertakings. I invite them to join the camp of the fatherland, because only in unity and harmony will we be able to defeat this enemy who has become accustomed to wreaking havoc in our towns and villages.

This is the opportunity for me to salute the rise in power of our army and the bravery of our soldiers who, despite all these demobilizing negotiations, continue under the flag, to give the best of themselves, and this , up to the supreme sacrifice, in defense of the integrity and sovereignty of our country. Let us unite, dear compatriots, behind our Defense and Security Forces, because the final victory belongs to the Motherland, the Democratic Republic of Congo that we will never betray.

I emphasize that, in order to restore social peace in these regions plagued by insecurity, I initiated the establishment of the Program for Disarmament, Demobilization, Community Recovery and Stabilization, P/DDRCS in short, to encourage compatriots who are in armed groups to lay down their arms and return to community life, far from the profession of arms. I take this opportunity to salute the support received from the various partners in setting up this program; and I also take this opportunity to salute the contribution of the United Nations, which through MONUSCO, supports our country in this desire for pacification and stability in the eastern part of our territory.

But, as Peace goes hand in hand with justice, I instructed the Government of the Republic to implement restorative mechanisms, in particular that of transitional justice, for the benefit of the victims.

In addition, some terrorist forces are also operating in other neighboring countries. This is the case of the ADF, which specially scour the common border between Uganda and the Democratic Republic of Congo. Thus, to combat them more effectively, our two countries have recently agreed to pool their efforts with a view to carrying out joint operations against this common enemy; our Parliament duly informed.

I will ensure that the Ugandan army's presence on our soil is limited to the time strictly necessary for these operations.

Honorable National Deputies and Senators,

Allow me to note that the big cities of our country have unfortunately not been spared by cases of insecurity committed by delinquents of all stripes, commonly called "Kulunas", and road cutters, who have deliberately chosen to disturb the tranquility of peaceful citizens, terrorizing them with both knives and firearms. A bad culture that must absolutely be banned from our society.

To destroy all these scourges and guarantee the safety of people and their property throughout the country, I instructed the Government of the Republic to take all appropriate measures against these marginalized people. I am delighted with the first results obtained by the experience of the Kaniama-Kasese Pilot Center. Once left to their own devices, today these young compatriots master several trades including masonry, carpentry, agriculture and animal husbandry. I ask the Government to step up these efforts to reintegrate unemployed young people into society throughout the country for their better contribution to the development of the country.

Honorable National Deputies and Senators,

Upon my accession to the Supreme Magistracy, I announced that the rule of law, independent justice, the fight against corruption and impunity constituted the leitmotif of my action in its aspect of political governance. It is in this sense that we must place the revitalization of certain structures. Indeed, I made a point of improving the efficiency of the General Inspectorate of Finances, ("IGF", in acronym) whose action was, until my arrival, hardly noticeable. Likewise, the creation of the Agency for the Prevention and Fight against Corruption, APLC, responded to this imperative.

Placed under my direct authority, the General Inspectorate of Finance contributes effectively to the effort to consolidate public finances, to the great satisfaction of our populations. However, the IGF cannot replace the action of the judiciary, which alone has the constitutional mission of declaring the law.

I remain convinced that the establishment of the rule of law and the authority of the State imposes a justice conscious of its role and its independence, and this should be our common perception. Unfortunately, despite some progress that I welcome, I cannot remain indifferent, in my capacity as Supreme Magistrate, to the cries of distress and desolation of the Congolese who, with each passing day, demand more guarantees of a good and sound administration of justice.

Even today on the dock, our justice had to reassure everyone, wealthy or not, powerful and weak, with the only consideration being the protection of rights. In short, a justice which, not only says the right, but reassures that the right, then the good, has been said.

I reaffirm my commitment to pursue courageous reforms in the justice sector, including those relating to the structures and the quality of their leaders following the principle of "the right man in the right place".

I encourage the Superior Council of Magistracy to operate the disciplinary chambers so that punishment is the only reward for bad magistrates who, by their behavior, tarnish the image of an entire institution as an elite body.

In order to resolve the recurring problems of insufficient numbers of magistrates, the Government is called upon, with the assistance of the Superior Council of the Magistracy, to finalize the recruitment process, the most recent of which unfortunately dates back more than a decade.

In the particular case of the Constitutional Court, currently in great demand in the framework of the protection of the rights and freedoms of citizens, which I welcome and encourage, experience has nevertheless shown that, when dealing with electoral disputes, the nine judges who compose it are often overwhelmed, given the constraints of deadlines.

I therefore encourage the President of this Jurisdiction to work with the Government, in order to set up the Corps of Referendum Advisors, a legal technical tool that will prove decisive in the processing of said cases and in the sustainability of case law. It is in the same sense that I intend to make operational in the very next few days the various organs and structures of the Court of Auditors, the highest public finance control body, so that it fully plays its role of financial patroller. in chief, with the support of the General Inspectorate of Finances. I expect these same performances to be at the heart of the action of the Agency for the Prevention and Fight against Corruption, the National Financial Intelligence Unit as well as other senior control services, as mechanisms of the fight against corruption, embezzlement of public funds, money laundering, fraud, and even the financing of terrorism.

Honorable National Deputies and Senators,
Mobilizing the investments we need to create wealth and develop our country requires a good business climate.

This implies that we are not only attentive to the complaints of economic operators at all times, but also and above all that we imagine mechanisms that can improve the conditions for doing business and ensure their follow-up.

During this year, I have reiterated to the Government my desire to deal effectively with the issue of the business climate through a new monitoring-evaluation approach never experienced in our governance system in order to reassure investors.

To this end, I am pleased to announce the establishment of a tool which will now allow myself, the Prime Minister, and each member of the Government concerned, in real time, to meticulously monitor the pace of implementation of reforms and assignments relating to the Business Climate. It is, in fact, a tailor-made digital dashboard from the Government Program.

Also, I invite Parliament to complete the legal framework relating, on the one hand, to the organization and functioning of commercial courts and, on the other hand, to national provisions complementary to OHADA law.

In addition, the rationalization of taxation remains the appropriate response to the harassments often denounced by economic operators. Innovative reforms in this area are needed to remedy this.

Honorable National Deputies and Senators,

I would like once again to salute the determination, firmness and fervor with which you, all tendencies combined, have accepted to respond favorably to my rallying call in a SACRED UNION OF THE NATION, an exhilarating call, both to heart and mind, in order to consolidate the principles and values around noble actions, able to respond positively to the many and anxious expectations of our People, the same expectations unfortunately not fulfilled for decades.

Allow me to remind you that this enthusiasm and this new impetus made it possible to quickly set up new offices both in the National Assembly and in the Senate and to form the current government called upon to defend the interests of the population. This has really made it possible to facilitate exchanges and to build real bridges of collaboration between the different Institutions of the Republic.

I remind you that this Government of the Republic has as main missions:
- Peace and Security restoration,
- national economy revival;
- public finance management consolidation;
- the fight against corruption in all its forms;
- our populations' qualitative living conditions improvement;
- Universal Health Coverage;
- free education application as prescribed in the Constitution;
- And state authority strengthening as well as the of law rule.

I also note that the implementation, under my leadership, of these different pillars, is the basis of the gradual and qualitative improvement of political, economic and social governance, which is already yielding results that should be supported.

This is the place for me to salute the perceptible cohesion around the Sacred Union of the Nation, in spite of petty steeples that I consider to be eloquent manifestations of the very expression of democracy. In addition, I would like to point out that despite belonging to the Majority or the Opposition, each of us must play our part fully, in love for the country, for our People and with respect for the Institutions.

In this spirit, I would like to express the deep respect I have towards our People, for their fierce determination to always keep alight the flame of national unity, despite adversity and all hardship that this march towards peace, democracy, unity, cohesion, the rule of law and Social Progress imposes on us.

Honorable National Deputies and Senators,
At the same time as I recognize the harmony in the relations between different Institutions at the national level, I must unfortunately mention

that the year 2021 has been fundamentally characterized by the instability of the Provincial Assemblies and Governments.

Indeed, the conflicts between these provincial institutions have intensified during this year, to the point of fundamentally jeopardizing the development of the provinces concerned. It should be noted that 14 Provinces out of 26 have experienced the dismissal of their Governors by the Provincial Assemblies. Following these same conflicts, certain Presidents of the Provincial Assemblies were also dismissed from their functions.

It is extremely important for each of these provincial actors to truly realize that no development can take place in such a context of crisis. The next session of the Governors' Conference will be an opportunity to reflect on possible solutions to this thorny problem.

Furthermore, I strongly urge you to consider amending certain legal texts relating to the management of provincial institutions. I once again invite the provincial deputies and the governors to observe their prerogatives, in strict compliance with the laws of the Republic, by refraining from any act that could block the proper functioning of the Provinces. In the meantime, the Senate, as an emanation of the Provincial Assemblies, is called to continue this role of mediator and adviser to their animators, so that harmony reigns within our Provinces.

Honorable Speaker of the National Assembly, Honorable Speaker of the Senate,

Honorable National Deputies and Senators, Distinguished Guests,

My dear compatriots,

I consider it useful to draw everyone's attention to the preparations for the next election. Indeed, the electoral process with its stakes, obliges that we commit ourselves, as of now, for the elections that we want credible by removing the various obstacles, both legal and material, which constitute their constraints.

My commitment to make the Democratic Republic of the Congo a truly democratic state cannot be realized without the organization of free, democratic, transparent and constitutional elections. I therefore launch a solemn appeal to all our People to democratically support the Independent National Electoral Commission and to become actively involved in the electoral process.

I recall that this has already started with the appointment of its new leaders, after consultation with the Religious Confessions and validation by the National Assembly.

In order to complete the composition of the Bureau of « CENI » (Independent Electoral Commission), I urge those political actors who are still dragging their feet to quickly appoint their respective representatives to this Bureau. At the same time, I invite the Government to mobilize and make available the substantial financial resources to enable the CENI to meet the deadlines for organizing these elections, so that they are actually held in 2023. To do this, it It is also important that the Parliament proceeds diligently to the passage of the laws still pending, for a successful conclusion of the next electoral cycle.

Honorable National Deputies and Senators,
As I mentioned at the beginning of my address, our country suffered from health crises that occurred during this year. Indeed, the Covid-19 pandemic has not spared the Democratic Republic of Congo. Even though our country has a relatively low death rate to date, I urge you to continue to strictly observe the barrier measures, as the successive emergence of new variants shows that we are not yet finished with this pandemic. I therefore appeal to the vigilance of our border services, to rigorously apply the measures enacted for this purpose.
In the current state of knowledge, the vaccine remains the most effective way to prevent severe forms of the disease. Indeed, the data collected to date show, without any doubt, that the gains in terms of protection of people

vaccinated against severe forms of the disease outweigh the undesirable and often transient effects attributable to the vaccine. I strongly recommend that the population get vaccinated to protect themselves.

In addition to the Covid-19 pandemic and the Ebola virus disease outbreak, our country has been severely affected by other health emergencies. This is particularly the case of the meningitis epidemic in Tshopo province and the recently declared "Monkey Pox" epidemic in Maniema. Our teams are hard at work to end it as part of an appropriate response.

I take this opportunity to salute the competence of Congolese scientists who have made our country shine, with, among other things, the development of the drug EBANGA, duly certified at the international level, for its effectiveness in the treatment of Ebola virus disease.

Honorable National Deputies and Senators,

All the health emergencies and disasters that we have experienced this year, and even long before, have taught us a great lesson, that of knowing that to better prevent and respond, we absolutely need to build a stronger and more resilient health system, for the benefit of all Congolese. This is the reason why I made Universal Health Coverage a National Cause in the Democratic Republic of Congo. In the coming days, the Government will do everything to make this vision effective, which is also strongly desired by our people.

To this end, I remind you that we already have a National Strategy in this area, a steering and coordination framework, as well as all the facilitation instruments for its deployment throughout the region of National territory.

In addition, the Government is preparing to pay into the Health Solidarity Fund the contribution for the care of the indigent, as well as the employer's share of the contribution of career agents of state public services.

It is time that poverty and lack of financial resources no longer constitute a barrier to access to quality health care and services.

Honorable National Deputies and Senators,

This year, our country had the privilege of assuming the rotating presidency of the African Union. In my acceptance speech, I announced my intention to put "the African Union at the service of the African Peoples". This formulation seemed to me to be in line with the general theme chosen for the 2021 financial year, namely "Arts, Culture and Heritage: Levers to build the Africa we want".

Arts and culture are indeed the expression of the creativity of our peoples. As this mandate draws to a close, I can say my pride in having contributed to putting the African Union at the service of the peoples.

I put at the center of my action, issues related to albinism, gender equality, violence against women and girls, the fight against climate change and the protection of local communities and indigenous peoples.

It is in this context that we must situate: the mobilization of African countries around the next International Symposium on the Reconstruction of Cultural Property and the African Renaissance; the holding of the Kinshasa Conference on Gender Equality in Africa and the adoption of the Kinshasa Declaration on Gender Equality; the Kinshasa Conference on Positive Masculinity and the adoption of the African Union Declaration to end violence against women and girls.

And finally, the organization of the Pan-African Symposium in Kinshasa under the theme "African Solidarity for an Africa in favor of People with Albinism".

During this year 2021, I also carried the voice of Africa at the international level, especially in the context of COVID-19, to demand for the benefit of the continent the best conditions for the fight against the pandemic and the revival of our national economies.

To this end, during the Paris Summit on the financing of African economies in May 2021, I pleaded for more financial resources in favor of Africa and for the continuation and strengthening of the mechanisms put in place to relieve the countries Africans who have fallen into over-indebtedness due to the effects of the pandemic. At the G20 summit in Rome, on behalf of Africa, I called on the participating countries to make concrete their commitments in favor of the preservation of the forests of the Congo Basin, through substantial funding. In the health sector, I supported the campaign in favor of the operationalization of the African Medicines Agency and as part of the fight against Covid-19 I carried the legitimate ambition of Africa to produce vaccines on the continent.

In addition, as part of the ongoing reform of the United Nations Security Council, I demanded four seats for Africa, including two non-permanent members and two other permanent members.

Also on a continental level, I have been at the forefront of many peace preservation initiatives. In particular, from the start of my mandate, I had taken on the issue of the dispute that has been opposing Ethiopia, Egypt and Sudan for several years around the Grand Ethiopian Renaissance Dam. These efforts made it possible to create a dynamic of permanent dialogue.

The holding in Kinshasa in April 2021 of the First Ministerial Conference on this conflict was a key moment in this dynamic.

The Presidency of the African Union was an opportunity for the DRC to regain its place in international forums. Indeed, for decades there had been no national policy to position our many experts within International Organizations, which was incomprehensible. So I decided to change this state of affairs and I am happy to announce that during this year, a compatriot was elected President of the African Commission on Human and Peoples' Rights, and another member of the United Nations International Law Commission. In addition, a Congolese woman has been appointed to the post of Director of Human Resources of the African Union Commission.

Honorable Speaker of the National Assembly,
Honorable Speaker of the Senate,
Honorable National Deputies and Senators,
Distinguished Guests,
My dear compatriots,
Since taking office, I have made the return of the Democratic Republic of Congo to the international stage one of my priorities, with a clear objective, that of opening our country to the world and breaking its diplomatic isolation.
The reintegration of our country into the concert of nations has thus become a reality. Indeed, the number of countries that have accredited their Ambassadors in the DRC continues to grow, with the recent registration

of requests from Australia, Indonesia and other countries with non-resident Ambassadors, concerned about see their embassies open in Kinshasa.

At the regional level, our energies have been deployed to maintain a good neighborly policy with our nine neighbors. Thus, we have intensified bilateral contacts with, in particular, Burundi, Uganda and Rwanda.

To revitalize relations with our Partners, on the one hand, I have appointed new ambassadors in Belgium, France, China and Côte d'Ivoire and, on the other hand, I have appointed our Permanent Representatives to the United Nations, New York and Geneva.

Finally, I asked the Government to ensure the implementation of reforms within the national diplomatic apparatus and to begin the process of providing adequate care for our diplomats and their families outside the country.

Honorable National Deputies and Senators,

During 2021, our international cooperation also made significant progress with our various Partners in America, Asia and Oceania. The fallout from the revitalization of our diplomacy is well established, as evidenced by several Projects, Agreements and Memoranda of Understanding that our country has just concluded.

Honorable National Deputies and Senators,

From October 31 to November 12, 2021, the twenty-sixth climate change conference was held in Glasgow. On this occasion, I strongly expressed the ambition of the Democratic Republic of the Congo to assume its natural leadership as a "solution country" to current climatic challenges, due to the exceptional natural resources with which it abounds. I had to recall that with approximately 52% of freshwater resources representing 10% of those of the world, in addition to its forests and its biodiversity, our country resolutely registered, during these meetings, in a prospect of effective materialization of its agenda.

The objective was not to praise, once again, the natural potential of our country, but rather to focus only on actions with concrete impacts on the lives of populations. To this end, I have clearly indicated that it is imperative to reconcile the conservation of our forests and our peatlands to curb the climate crisis, with our commitment to fight poverty, which is one of the major causes of deforestation. in Africa.

Indeed, before prohibiting the Congolese living in MONKOTO or EPULU, to name only these two agglomerations, to practice shifting slash-and-burn agriculture, in order to meet the needs of their families, it is preferable to offer them, first, sustainable alternatives.

To achieve this, I unequivocally launched a call to action, through win-win partnerships, especially with industrialized countries, to mobilize adequate funding.

In short, the Democratic Republic of the Congo is only demanding fair and equitable compensation for its proven contribution to stabilizing the climate on the whole planet. She advocates through my voice, the establishment of fairer prices for carbon credits, which should be around 100 US dollars, instead of the 5 dollars currently charged, which are disproportionate and derisory.

I also spoke about the forests of the Congo Basin, of which the DRC holds more than 60% and which currently represent the first lung of the planet. Our approach is an urgent reminder that in order to preserve this natural asset, we must invest in the implementation of structuring development projects, for the benefit of local populations who have long been disadvantaged.

The all-round mobilization obtained around this emergency is a crucial step in the right direction. The Glasgow conference was also an opportunity to highlight the fact that the DRC is full of strategic metals, in this case cobalt and lithium, which are essential for the energy transition.

To this end, I instructed the Government to accelerate the creation of a real value chain in this sector. The holding of the "DRC Africa Business Forum" also proceeds from this logic. It was about promoting the investments necessary to enhance the immense energy mix of our country, made up in particular of hydroelectricity, solar energy and biomass.

Honorable Members of Parliament and Senators, the interest generated in our country in Glasgow has led to important results:

1. The signing of the political declaration relating to the second DRC-Initiative for the forests of Central Africa partnership, CAFI in acronym, for an amount of 500 million US dollars;

2. Financial support of 1.5 billion US dollars for the protection of forests and peat lands in the Congo Basin, activatable from the year 2022.

In the same vein, bilateral agreements and partnerships relating to significant financing are being negotiated with States and various technical and financial partners in the sectors of resilient agriculture, to fight against deforestation, improve infrastructure and ensure the development of indigenous peoples.

For better monitoring of this strategic file, I instructed the Government to grant the benefit of the emergency, both to the formalization process and to the implementation of these partnerships.

I also asked the Government to ensure, on a permanent basis, that the positioning of the Democratic Republic of Congo as a "solution country" to the climate crisis is maintained and consolidated, both within the framework of the follow-up to the recommendations of the COP26, than in the preparations for the COP27 planned in Egypt.

Honorable Speaker of the National Assembly, Honorable Speaker of the Senate,

Honorable National Deputies and Senators, Distinguished Guests,

My dear compatriots,

Should we remember that as soon as I took office, the Democratic Republic of the Congo renewed contact with the International Monetary Fund, to be able to benefit from the necessary funding in terms of budgetary support and others, in order to support the various reforms envisaged. The resumption of cooperation with this institution allows the country both to strengthen the capacities of the State and to support productive activities, with a view to the effective revival of economic growth and the gradual eradication of poverty.

I have personally invested myself in giving the necessary impetus to our diplomatic action to mobilize external resources, which has allowed their significant progress, despite the negative impact of the Covid-19 pandemic. These contacts with our Development Partners, in particular the IMF, led to the signing of an

Agreement allowing the DRC to access, initially, in 2020, the disbursement of US $ 732 million, under the Facility. rapid credit, which contributed to raising the level of our international reserves.

Subsequently, the DRC entered into a three-year Extended Credit Facility Agreement for an amount of US $ 1.5 billion. This support, Honorable National Deputies and Senators, has enabled our country to support its medium-term reform program which aims in particular to maintain macroeconomic stability, increase the budgetary room for maneuver as well as promote a sustainable economic growth. For the 2021 fiscal year alone, the DRC has benefited from commitments of around 4.5 billion US dollars from its multilateral external partners. This is a record high in the recent history of our country.

In this same dynamic, I visited several countries in the Middle and Near East as well as in Asia Minor during this year, with the firm desire to allow the Congolese people to derive substantial dividends from them in the as fast as we can. I thus remain determined to do more, for a successful outcome of all the deep reforms undertaken, in particular in the sectors of Justice, Education and Health, with a view to a better alignment of our economy with the standards required of performance.

These various achievements are the tangible results of our intense diplomatic action.

It goes without saying that this mobilization of external resources will have to continue next year. However, financing the development of our country cannot be based solely on external resources. Also, I instructed the Government to re-engage the country towards other reforms that should significantly contribute to improving revenue mobilization and broadening the tax base.

Already in 2021, the strict observance of budgetary discipline allowed us, for the first time in the history of our country, to reach and even exceed the budgetary allocations, thus leading to additional revenues of more than 2 billion dollars. U.S. dollars. This performance should motivate us to continue to mobilize more of our internal revenues.

Likewise, better governance of the extractive sector should allow the State to mobilize more resources to finance its priority projects such as free primary education and Universal Health Coverage.

With regard to the year 2022, the growth of the Gross Domestic Product, which was evaluated at 5.6% in the draft finance law submitted to the scrutiny of the Parliament, could rather be established at 6.4%, according to the latest IMF estimates. The main sources of this growth are due to the expected performances in the sectors of extractive industries, transport, communication, as well as in that of trade.

Honorable National Deputies and Senators,
I am aware that the social situation of our compatriots is not good. Many households

struggle to make ends meet and do not have access to basic social services such as water, electricity, health care, transport. Admittedly, during the year 2021, the Government took a series of measures in favor of the population, but these remain insufficient. I therefore ask the Government to speed up the implementation of projects with rapid and visible impacts. Indeed, in the water and electricity and health sectors, to name but a few, most of the ongoing projects suffer from a lack of coordination and poor management.

For example, the 240 MW Busanga power plants in Lualaba and the 32 MW Mwadingusha power plants in Haut Katanga are completely completed but still not in operation. What about the three thermal groups of 800 KVA each in the city of Kananga? The City of Kisangani remained in the dark for 4 months when this inconvenience could have been avoided with better management of the Tshopo power station.

Regarding the drinking water supply to the city of Kinshasa, the factories of Lemba Imbu with a capacity of 35,000 cubic meters per day, as well as of Binza Ozone with a capacity of 110,000 cubic meters per day, know delays detrimental to the population.

These dysfunctions are unacceptable. I therefore appeal to all stakeholders to resolve the problems without delay and deliver these works to improve the living conditions of the population.

Honorable National Deputies and Senators,

The question of transport and means of communication is a permanent challenge whose impact on the national economy and by extension on the living conditions of our compatriots is undeniable. In terms of road infrastructure development, the strategic axes are as follows:

- Rehabilitation of existing agricultural feeder roads and construction of new roads,

- The re-establishment of traffic by reopening the network of certain sections of dirt road, which had long been impassable and;
- The protection and maintenance of these roads by reinstating the manual cantonment system.

In addition to significantly improving urban and interurban traffic, the construction of these works should also allow better connectivity between our different Provinces.

These efforts to improve road infrastructure are already visible through the following projects:

1. The 86 km asphalting of the section of the Kolwezi - Dilolo Road;
2. Asphalting of the Boma - Moanda section;
3. 140 km asphalt between Kasumbalesa and Sakanya;
4. Asphalting of the Tshikapa - Kamuesha section, and Rehabilitation of related rural infrastructure;
5. Asphalting of 56 km of the Lovua Bridge - Tshikapa section;

6.  The construction of a new 160-meter-long bridge over the Kasai River in Tshikapa.

We will continue these efforts, and in 2022 the launch of the following projects is expected:

7.  Construction of the Banana Deep Water Port;
8.  Asphalting of the Kasomeno Road, in DRC - Mwenda, in Zambia, 270 km long;
9.  The asphalting of 30 km of roads in the city of Bukavu and that of 100 km of the Bukavu - Goma section;
10. Asphalting of 748 km of the Beni - Komanda - Niania - Kisangani section;
11. The rehabilitation of 80 km of the Kasindi - Beni section;
12. The rehabilitation of 54 km of the Beni-Butembo section;
13. Rehabilitation of 89 km of the Bunagana - Rutshuru - Goma section;
14. Commissioning of the ferry for the crossing between Zongo and Bangui (C.A.R.) ;

15. Asphalting of the Kalamba Mbuji - Kananga - Mbuji Mayi road.

Finally, in the field of air transport, the modernization of the control tower at Goma international airport should be noted.

The modernization of the international airports of Lubumbashi, Kisangani and Kolwezi, as well as the rehabilitation, strengthening and extension of runways and car parks in several other national airports are planned, in particular that of Ndolo.

Honorable National Deputies and Senators,

We often say that Kinshasa is not the Democratic Republic of Congo. It is time to translate this affirmation into concrete action by adopting the approach which assumes that all development should start from the bottom up. This is the very meaning of the political system provided for in the 2006 Constitution, which provides for a highly decentralized unitary state. In this system, the territory is the geographical space that allows the junction between the central power and the provinces. The aim is to improve the living conditions of rural populations and accelerate the development of our country.

This is why an ambitious grassroots development program for the country will be launched in 2022, across its 145 territories. Priorities retained in this program are:
- Opening up of territories by rehabilitating nearly 9,000 km and maintaining 30,000 km of agricultural feeder roads;
- Improving the access of rural communities to electricity, in particular through the construction of mini photovoltaic plants;
- Improving access to drinking water, by building boreholes and developing springs;
- The construction of rural economic infrastructure, in particular, by equipping 748 health centers, more than 1,200 schools as well as the development of modern markets;

- And finally, the restoration of state authority, starting with the construction of administrative buildings in all 145 territories.

Honorable Speaker of the National Assembly, Honorable Speaker of the Senate,

Honorable National Deputies and Senators, Distinguished Guests,

My dear compatriots,

You have just followed the answers to the various salient points around several essential questions that touch on the survival and organization of our Nation, in what it is most profound and most legitimate. The course of the year 2021 with these different facts noted and the challenges they imply, far from weakening and dividing us, have the advantage of reminding us that we have a collective destiny to assume for the development of the Nation.

Our concerns remain fundamentally those of providing answers to the permanent problems linked to the daily life of our People, with a view to consolidating the Social Contract which binds them to us, their representatives, called to defend their interests and achieve their happiness.

The organization of the City, as we recommend it, must ensure and guarantee the unity and integrity of the national territory, establish peace and ensure the security of people and their property, throughout the Republic. . As such, it is in a State that we want by law, characterized by distributive justice, that we have focused the attention of the Government on taking charge of the problems that our fellow citizens encounter in the various sectors of life, to find satisfactory answers to them.

This long-term work forces us to revisit all the obsolete social structures and to rethink how our country can rationally put new wine in new wineskins, so that the best Congo of tomorrow that we hope for, starts off on the right foot. in all sectors of national life. The communicating vessels to be established in these sectors will only have the development of the family, the real integration and cohesion of communities in the expected development process.

On these points, it should be noted that our trips outside the country have considerably improved the brand image of the DRC, which has opened up to the world like a lotus. And many of these countries have decided to forge solid win-win partnerships with us.

Open to the outside and, internally, with all of its interconnected Provinces, the Democratic Republic of the Congo, which today has wind in its sails, can meet several challenges of its reconstruction tomorrow.

We must firmly believe in it and tackle it urgently. Thus, its impoverished population, these disinherited princes of yesterday, will be able to benefit from all their wealth from the soil and the subsoil, transformed for their well-being.

While recognizing the vitality of our young democracy and our differences, I appeal to our collective conscience, to the extent that what unites us, that is to say, the Democratic Republic of the Congo, is more important than the selfishness and the dangerous tribalist cleavages that could divide us. Let us therefore renew, in each of us, this sublime commitment that is exalted by our National Anthem, that of populating our soil and ensuring the greatness of our Fatherland. The History of the Nation that we are writing together, in harmony and brotherhood, will be grateful to us.

May God abundantly bless the Democratic Republic of Congo

Thank you.

Sylvanus MULOWAYI WA KAYUMBA
Email : dasylvahmolvah@gmail.com
RDC

# yes
## I want morebooks!

Buy your books fast and straightforward online - at one of world's fastest growing online book stores! Environmentally sound due to Print-on-Demand technologies.

Buy your books online at
**www.morebooks.shop**

Achetez vos livres en ligne, vite et bien, sur l'une des librairies en ligne les plus performantes au monde!
En protégeant nos ressources et notre environnement grâce à l'impression à la demande.

La librairie en ligne pour acheter plus vite
**www.morebooks.shop**

KS OmniScriptum Publishing
Brivibas gatve 197
LV-1039 Riga, Latvia
Telefax: +371 686 204 55

info@omniscriptum.com
www.omniscriptum.com

Printed by Books on Demand GmbH, Norderstedt / Germany